JOHANNA PAUNGGER · THOMAS POPPE

Das Mondjahr 2025

Der farbige Taschenkalender

mosaik

Wir haben uns bemüht, alle Rechteinhaber ausfindig zu machen, verlagsüblich zu nennen und zu honorieren. Sollte uns dies im Einzelfall aufgrund der schlechten Quellenlage bedauerlicherweise einmal nicht möglich gewesen sein, werden wir begründete Ansprüche selbstverständlich erfüllen.

Dieser Kalender wurde auf Recyclingpapier gedruckt, das mit dem BLAUEN ENGEL ausgezeichnet ist.

1. Auflage
Originalausgabe

Umschlaggestaltung: UNO Werbeagentur, München
Umschlagfoto: Corbis/W.H. Müller
Satz: Uhl + Massopust, Aalen
Druck: EuroPrintPartner GmbH & Co. KG
Inhaltspapier: Leipa Sky
Printed in Germany
ISBN 978-3-442-31984-8

www.mosaik-verlag.de

Herzlich willkommen im neuen Jahr 2025!

Die Leserinnen und Leser unserer Mondbücher und unsere Mondversand-Kunden sind in erster Linie umweltbewusste Menschen, die zu Pflege und Erhaltung des Lebens auf dieser Erde beitragen wollen. Besonders interessant und ermutigend war für uns die Beobachtung, dass sich im Laufe der drei Jahrzehnte seit Erscheinen unseres ersten Buches *Vom richtigen Zeitpunkt* ihr Altersdurchschnitt immer mehr verringerte und heute auch viele Jugendliche und junge Erwachsene zu unseren Vorträgen kommen. Nicht nur die Jugend zeigt immer größeres Interesse, auch die unterschiedlichsten Berufsgruppen wie Mediziner, Anwälte, Lehrer und Forscher haben immer stärker die Vorteile des Arbeitens im Rhythmus des Mondes und der Natur für sich entdeckt.

Die Anfragen an uns häufen sich, und es kommen Berufsgruppen hinzu, mit deren Interesse wir nun wirklich nicht gerechnet haben, etwa die Schönheitschirurgie, viele Tierärzte und sogar Glockengießer, die sich so manche seltsame Vorkommnisse jetzt erklären können – die Liste ist lang geworden. In letzter Zeit kamen verstärkt die Bereiche erfolgreiches Aufforsten nach Unwettern und Trockenlegen nach Überschwemmungen hinzu. Das Mondwissen kann dort unschätzbar Wertvolles leisten. Wir bleiben jedenfalls immer bemüht, aufklärend zu wirken und zu helfen, wo wir können.

Vielleicht noch ein Wort zu den Pessimisten und Schwarzmalern, die heute durch Medien und Internet geistern. Ständig wiederholte Katastrophenankündigungen, Schreckensnachrichten über die Folgen des Klimawandels usw. machen vielen Menschen Angst. Aber Angst hin oder her, der Klimawandel ist sehr real. Mit Umdenken allein ist es nicht getan, das wäre naiv. Nicht mitmachen und keine Produkte mehr kaufen, die den Klimawandel verstärken. *Dieser* Gedanke muss gestärkt werden!

Es besteht kein Zweifel: Unser Umgang mit der Erde und ihren Schätzen macht Katastrophen unterschiedlichster Art fast unausweichlich. Wir können aber jederzeit umdrehen und dafür sorgen, dass unser Blauer Planet wieder gesund wird und bleibt. Mit Angst und Angstmache ist das nicht möglich. Im Gegenteil: Wenn wir in Katastrophen denken, werden sie auch kommen.

Der Philosoph Paul Watzlawick meinte ganz richtig: *»Nur wenn eine Prophezeiung* ***geglaubt*** *wird, das heißt, nur wenn sie als eine in der Zukunft bereits eingetretene Tatsache gesehen wird, kann sie konkret auf die Gegenwart einwirken und sich damit selbst erfüllen.«* Warum also nicht umdenken und sich die Erde als Paradies denken? Jede Wirklichkeit um uns herum begann als Gedanke, das Schöne wie das Hässliche. Fangen Sie gleich heute mit den guten Gedanken an.

Beim Umsetzen der Gedanken und Ideen in die Tat kann Ihnen auch der Mondkalender ein hilfreicher Begleiter sein. Er war und ist nichts anderes als ein wunderbares Werkzeug, um das feine Zusammenspiel im freundlichen Auf und Ab der Naturrhythmen zu durchschauen und vorauszusagen. Die Naturregeln und -gesetze, die er zu entschlüsseln und anzuwenden hilft, sind gleichsam unsere verlängerte Hand, um die Geschenke der Natur in ganzer Fülle annehmen zu können – ihre wirksamen Heilkräuter und nährenden Pflanzen, ihre Rhythmen fürs Pflegen und Heilen zum richtigen Zeitpunkt, ihre rechte Zeit für reiche und dauerhaft haltbare Ernte ohne Chemie. Sie halten eine dreidimensionale, vielfarbige Uhr in Händen. Ihre Zeiger sagen uns, wie ihre Herrin, die Natur, sich gerne behandelt sieht – sowohl in Vorbereitung und Saat als auch in Pflege, Ernte, Nachbearbeitung und Ruhephase vor dem nächsten Entwicklungskreis.

Weiterhin viel Freude mit diesem wunderbaren Werkzeug!

Ihre Johanna Paungger-Poppe & Thomas Poppe

Paungger & Poppe seit 1991 – Bücher, Kalender und vieles mehr …

Umweltschutz, Heilkunde, naturgemäßer Hausbau, giftfreier Betrieb von Gartenbau und Landwirtschaft und viele weitere Tätigkeitsfelder waren früher ohne das Wissen um die Mond- und Naturrhythmen gar nicht denkbar. Mit unseren Büchern versuchen wir, unseren LeserInnen zu ermöglichen, ganz neu einzusteigen und umzudenken, ohne jede Vorkenntnisse, was den Mondeinfluss betrifft. Versuchen Sie es einfach und lassen Sie sich vom Ergebnis überzeugen.

- ***Vom richtigen Zeitpunkt.*** Unser Klassiker, mit dem alles anfing, neu bearbeitet und um 30 Seiten erweitert!
- ***Der lebendige Garten*** – *Gärtnern zum richtigen Zeitpunkt in Harmonie mit Mond- und Naturrhythmen.* Wir zeigen, worauf es beim Gärtnern wirklich ankommt, nämlich auf die Kunst des richtigen Zeitpunkts und die Harmonie zwischen Mensch und Natur.
- ***Aus eigener Kraft.*** Das Werk befasst sich ausführlich mit dem Zusammenhang zwischen Mondphasen und Mondstand im Tierkreis und Wirkung vorbeugender und heilender Maßnahmen für Körper, Geist und Seele.
- ***Fit zum richtigen Zeitpunkt – Die Mondgymnastik.*** Das Geheimnis dieser Gymnastik liegt im richtigen Zeitpunkt. Das Buch weist einen einfachen und direkten Weg zur körperlichen Aufwärtsspirale.
- ***Alpha-Omega-Formel.*** Ernährung ganz persönlich! Die Alpha-Omega-Formel enthält wesentliche Bausteine für eine ganz persönliche Ernährungsweise. Mit den vielen spannenden Rezepten lässt sie sich ganz einfach in den All-

tag integrieren. Sie macht nicht nur schlank und fit, sondern ist auch gute Medizin, ein wahres Lebenselixier!

- ***Das Tiroler Zahlenrad.*** Von der bedachten Kindererziehung bis zur Berufswahl auf Basis tatsächlich vorhandener, aber vielleicht noch versteckter Talente – bei alledem kann das hier verborgene Wissen eine große Hilfe sein.
- ***Lebenschance Tiroler Zahlenrad.*** Erweitert das Spektrum der Anwendungsmöglichkeiten und macht Vergleiche innerhalb von Gruppen und Familien viel leichter.
- ***Espresso mit dem Teufel.*** Ein Weckruf für die Seele. Thomas Poppe packt in diesen außergewöhnlich tiefgründigen und dabei stets greifbaren und amüsant-provokanten Dialog die großen Themen an, die uns Menschen zutiefst bewegen, ob es uns bewusst ist oder nicht. Er zeigt, wie ein nachhaltiges, spirituell erfülltes Leben im Einklang mit sich selbst, seinen Mitmenschen und der Natur gelingen kann.
- ***Meditieren zum richtigen Zeitpunkt.*** Eines der Grundprinzipien des Wissens »vom richtigen Zeitpunkt« lautet: Was ich für die Körperzone tue, die von dem Tierkreiszeichen regiert wird, das der Mond gerade durchwandert, wirkt doppelt positiv (Ausnahme: Operationen). In derselben Weise stärken Affirmation und Meditation zum richtigen Zeitpunkt Körper, Geist und Seele. Ein Buch, das den Geist befreit.
- ***Bauen mit dem Mond.*** Das Buch kommt dem Leser mit jahrtausendealtem Wissen zu Hilfe, um Chemiegifte und Konservierungsmittel entbehrlich zu machen und Krankheiten den Boden zu entziehen.
- ***Moon Power.*** Das Buch enthält alles Wichtige zum Thema Einfluss von Mond- und Naturrhythmen, aufbauend auf den Erfahrungen der letzten 30 Jahre im Gespräch mit vielen LeserInnen in aller Welt.

Ein rundes Mondkalender-Programm

Unsere Bücher begleiten wir seit Jahren mit einem vielfältigen Mondkalender-Programm:

- ***Der Streifenkalender***, der überall Platz findet! Er wartet nur darauf, Ihnen bei vielen Alltagsentscheidungen zur Seite zu stehen. Mit allen Symbolen in Farbe, die auch im Taschenkalender enthalten sind. Im Format 12 x 60 cm.
- ***Das Mondjahr – Zeit für mich.*** Im Einklang mit dem Mond leben heißt, im Einklang mit sich selbst leben – ausgeglichen, vital und von natürlicher Schönheit. In diesem Kalender teilt Johanna Paungger ihren immensen Wissensschatz rund um Schönheitspflege, Ernährung, Gesundheit und Fitness zum richtigen Zeitpunkt. Ein wertvoller Begleiter im Format 11,5 x 16 cm.
- ***Der Gartenspiralkalender.*** Der richtige Zeitpunkt kann Ihren Garten in ein Paradies verwandeln, wenn Sie ihn kennenlernen und beherzigen. Fürs Kennenlernen sind wir da, das Beherzigen ist Ihr persönliches Abenteuer.
- ***Der Spiral-Wandkalender.*** Auf Anregung vieler LeserInnen haben wir dieses Kalenderformat ins Programm aufgenommen. Ein ganzer Monat auf einen Blick, mit farbigen Tätigkeitssymbolen und viel Platz für Notizen und obendrein noch ein schönes Mondfoto – das unentbehrliche Werkzeug im Format 33 x 48,5 cm.
- ***Das Mondjahr Taschenkalender*** in Schwarz-Weiß und in Farbe. 160 Seiten im Format 14,5 x 10,5 cm. Das ideale Büchlein auch für Neueinsteiger. Mit Symbolen und Texten für eine Vielzahl von Tätigkeiten und einer Serie von Mini-Kalendern!

- ***Der Foto-Wandkalender.*** Zwölf wunderschöne Landschaftsfotos mit Mond verwandeln diesen Monatskalender in eine Zierde für Heim und Büro. Enthält sämtliche Symbole und Texte, die auch im Taschenkalender zu finden sind. Viel Mondwissen auf einen Blick im Format 28 x 32 cm.
- ***Die Jahresübersichten 2024–2034.*** Elf Jahre Mondkalender auf einzeln herausnehmbaren Blättern im handlichen DIN-A4-Format in einer praktischen Mappe.
- Der original Paungger & Poppe ***Abreißkalender***. Das Mondjahr für jeden Tag. Mit vielen Mini-Geschichten, die das Wirken der Mondrhythmen leicht verständlich nahebringen, mit zeitlosen Weisheiten und natürlich mit den Grundregeln des Mondwissens. Enthält die vollständige Symbolsammlung. Im Format 13 x 11,5 cm. Mit einer Serie von Mini-Kalendern für verschiedene Tätigkeiten!
- Der ***Wochenplaner*** für den Schreibtisch mit allen Symbolen und Texten, die auch ***Das Mondjahr*** enthält. Zum Aufstellen für den Schreibtisch im Format 32 x 11 cm.
- Das Mondjahr als ***Familienkalender***. Das bewährte Mondjahr im beliebten Familienkalender-Format. Ein unentbehrlicher Begleiter durch den Termindschungel Ihrer Familie! Mit allen Symbolen und schönen Mondfotos!
- ***Das Mond-Jahrbuch***. Der Abreißkalender als handliches Taschenbuch! Die bunte Vielfalt von Tipps, Merksprüchen usw. zum Nachschlagen und Sammeln. Die ideale Lektüre fürs Nachtkästchen.
- ***Zeit zum Meditieren. Mit Affirmationen für jeden Tag.*** Dieser Kalender liefert passend zum aktuellen Mondstand für jeden Tag Affirmationen und heilsame Worte. Der tägliche Begleiter für Wohlbefinden und Klarheit im Einklang mit den Rhythmen des Mondes.

Und so verwenden Sie Kalender und Symbole

Bei seinem 28-tägigen Lauf um die Erde durchwandert der Mond dieselben Tierkreiszeichen wie die Sonne, hält sich aber in jedem Zeichen nur zwei bis drei Tage lang auf. Gleichzeitig mit diesem »Mondstand im Tierkreis« und in Harmonie mit den Mondphasen macht sich auf der Erde ein deutlicher Einfluss bemerkbar, den wir im Alltag in vielfältigster Weise nutzen können, in jedem Lebensbereich.

So regiert jedes Tierkreiszeichen eine Körperzone, beeinflusst einen Pflanzenteil und besitzt eine Nahrungsqualität. Diese Informationen sind täglich angegeben und können mithilfe unserer Bücher ausgewertet und im Alltag umgesetzt werden. Die **farbig** gedruckten Symbole zeigen Ihnen auf einen Blick an jedem Tag, welche Tätigkeit gerade besonders begünstigt ist. Ist das Symbol **hellgrau** dargestellt, dann verspricht die jeweilige Tätigkeit an diesem Tag weniger Erfolg als an allen anderen Tagen. Bitte nicht vergessen: Ein Symbol sagt Ihnen nur, dass sich der jeweilige Tag am besten oder am schlechtesten für die jeweilige Tätigkeit eignet. Das heißt nicht, dass Sie sich bei einem verpassten günstigen Termin Sorgen machen sollten oder dass die Tätigkeit bei einem ungünstigen Termin garantiert ein Misserfolg wird. Wenn Sie beispielsweise einmal bei Fische zum Haareschneiden gehen müssen, gehen Sie einfach beim nächsten Mal bei Löwe oder Jungfrau und heben damit den negativen Fische-Einfluss auf. Dieses Beispiel lässt sich auf fast alle anderen Hinweise und Regeln übertragen. Gebrauchen Sie immer auch Ihr Gespür und Ihren gesunden Menschenverstand. Den Alltag starr nach dem Mondkalender auszurichten, macht niemandem Freude und ist nicht in unserem Sinne.

zunehmender Mond ☽

abnehmender Mond ☾

Zwischen jedem Neu- und Vollmond geben wir täglich das Symbol für den zunehmenden Mond an, zwischen Voll- und Neumond täglich das Symbol für den abnehmenden Mond. Das ist besonders im Bereich der Gesundheit von Vorteil, weil Sie dann sofort diese beiden wichtigen Mondphasen unterscheiden können.

Neumond ●

Vollmond ●

Die Angabe der genauen Uhrzeit für Neumond und Vollmond ist sinnvoll, besonders dann, wenn der jeweilige Zeitpunkt sehr früh am Tag, zwischen Mitternacht und Morgen liegt. Zwar ist eine Aussage wie »Heute ist Neumond« oder »Heute ist Vollmond« dann richtig, aber bei einem frühen Neumond ist der ganze Tag schon stark vom zunehmenden Mond, bei einem frühen Vollmond vom abnehmenden Mond beeinflusst. Das ist in der Heilkunde von Bedeutung (siehe *Aus eigener Kraft*), aber auch in Gartenbau und Landwirtschaft, denn die besonderen Kräfte der Voll- und Neumondtage machen sich dann am vorherigen Tag am stärksten bemerkbar.

Bei der Angabe der Neu- und Vollmondzeiten ist aus verschiedenen Gründen die Sommerzeit nicht berücksichtigt, unter anderem, weil sich die Natur nicht nach der Sommerzeit richtet.

Bauen, Heimwerken, Verbinden

Dieses Symbol wird Sie immer bei abnehmendem Mond im Tierkreiszeichen Steinbock daran erinnern, dass dies der ideale Zeitpunkt ist, um besonders heikle Arbeiten bei Hausbau und Renovieren giftfrei durchzuführen – und zwar immer dann, wenn es um das Verbinden zweier unterschiedlicher Materialien geht: Stein mit Naturboden, Lack mit Metall, Putz mit Beton, Ziegel auf Ziegel, vor allem aber Holz mit Holz, etwa beim Aufrichten einer Stiege usw. Zur Erinnerung: Der abnehmende Mond eignet sich generell für diese Arbeiten besser als der zunehmende Mond.

Bäume und Sträucher pflanzen

Zu bestimmten Jahreszeiten taucht dieses Symbol im Tierkreiszeichen Jungfrau auf und markiert damit den Zeitpunkt, an dem selbst ältere Pflanzen schnell anwurzeln und kräftig heranwachsen. Was immer Sie an Pflanzarbeiten durchführen möchten, vom Pflanzen eines einzelnen Baumes über Alleen bis hin zum Aufforsten ganzer Waldareale nach einem Sturmschaden – achten Sie auf dieses Symbol, und der Erfolg ist Ihnen gewiss.

Baumköpfen/Intensiver Rückschnitt

Ein Segen für das Budget von Stadtgartendirektionen wäre es, auf dieses Symbol zu achten. Die Maßnahme des »Baumköpfens« richtet sich in erster Linie auf die Behandlung kränkelnder Bäume, sie ist aber auch sehr sinnvoll bei gesunden Pflanzen und Bäumen, die nicht recht gedeihen oder dichter wachsen sollen. Bei Nadelbäumen entfernen Sie einfach ein kurzes Stück der Spitze, knapp oberhalb eines Kranzes von mehreren Seitentrieben. Der Baum empfindet das als starken Wachstumsimpuls und wählt dann von selbst den stärksten Seitentrieb als neue Spitze. Laubgehölze beschneiden Sie so, wie man Haarspitzen schneidet: kein starker Rückschnitt, sondern nur einige Astspitzen am ganzen Baum. Ein radikaler Rückschnitt zur »Wiederbelebung« von Hecken, Bäumen und sonstigen Pflanzen bringt an Neumond ebenfalls beste Ergebnisse.

Blumengießen

Zimmerpflanzen und Balkonpflanzen müssen nicht so oft gegossen werden, wie es den Anschein hat. Gewöhnen Sie Ihre Pflanzen langsam an den im Kalender angegebenen Rhythmus (Gießen nur an Blatttagen: Krebs, Skorpion, Fische). Um die Umgewöhnung zu erleichtern, können Sie anfangs auch an Wurzeltagen (Stier, Jungfrau, Steinbock) gießen, am besten immer mit kalkfreiem Regenwasser oder abgestandenem Wasser. Balkonblumen und manche exotische Pflanzen mit hohem Wasserbedarf müssen Sie dennoch öfter gießen. Zu häufiges Gießen an Blütentagen (Zwillinge, Waage, Wassermann) lockt Schädlinge an, besonders die Läuse. Gemeinden könnten sich Unsummen sparen, wenn sie bei allen Bewässerungsmaßnahmen öffentlicher Grünanlagen auf dieses Symbol achten würden. Trinkwassereinsparung und gesündere Pflanzen wären ihr Lohn.

Düngen

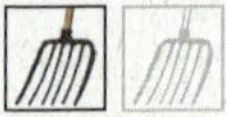

Achten Sie beim Düngen auf den Mondstand und beobachten Sie, wie gut die Erde bei abnehmendem Mond das jeweilige Düngemittel aufnimmt. Das gilt auch für alle Zimmer- und Balkonpflanzen. Das Symbol finden Sie an allen Tagen, die sich entweder besonders gut oder besonders schlecht fürs Düngen eignen. Generell gilt, dass man eher bei abnehmendem Mond düngen sollte.

Einkochen

Bei abnehmendem Mond Eingekochtes hält stets länger. Wenn Sie bei zunehmendem Mond arbeiten, achten Sie auf ein Fruchtzeichen (Widder, Löwe, Schütze). Obst ist bei zunehmendem Mond zwar saftiger und aromatischer, aber die Fäulnisgefahr ist größer, deshalb am besten sofort verbrauchen. Weil heute vielfach tiefgefrorene Früchte verarbeitet werden, finden Sie dieses Symbol während des ganzen Jahres und auch an Wochenenden. Ein Tipp: Ernten und Einfrieren bei zunehmendem Mond an einem Fruchtzeichen. Legen Sie die Weiterverarbeitung in den abnehmenden Mond, ebenfalls an einem Fruchttag.

Ernten, Einkaufen und Lagern
Obst- und Safttage

Das Symbol gibt die günstigen Tage für Ernten und Lagerhaltung an wie auch günstige Einkaufs- und Lagerzeitpunkte, etwa für das Transportieren und Lagern von Getreide und Kartoffeln (Großfamilien!). Grundsätzlich verderben Lebensmittel bei zunehmendem Mond geerntet oder gelagert schneller, besonders im Sommer bei Gewittern (u. a. wird Milch sauer). Für das Haltbarmachen kleiner Obst- und Gemüsevorräte eignet sich die kleine Holzpyramide aus unserem Versand sehr gut – die natürlichste Form der Konservierung. Gleichzeitig sind alle Tage mit diesem Symbol (farbig) sehr gut geeignet, um wenigstens an einem der zwei oder drei Tage eine entlastende Obst- oder Saftkur einzulegen. Ein hellgrau gedrucktes Apfel-Symbol bedeutet jedoch nicht, dass Ihnen ein Obst- oder Fastentag jetzt schaden würde! Es zeigt nur an, dass sich dieser Tag sehr schlecht als Ernte-, Lager- oder Vorratseinkaufstag eignet.

Fensterputzen

Sie wünschen »streifenfreien Glanz« auf den Augen Ihres Heims? Wenn Sie fürs Fensterputzen die Tage mit diesem Symbol wählen, lernen Sie vielleicht sogar diese Arbeit lieben. Alles geht müheloser, und als Reinigungsmittel genügt Wasser mit einem Schuss Spiritus. Ähnlich wie beim Blumengießen zum richtigen Zeitpunkt wird der Erfolg nach einiger Zeit sichtbar und fühlbar. Wenn Sie allerdings an einer verkehrsreichen Straße eine Ladenfront zu putzen haben, dann müssen Sie natürlich öfter reinigen als im Kalender angegeben.

Gesichtspackung

An diesen Tagen zieht eine Gesichtspackung besonders gut ein, die Haut nimmt optimal auf, was man ihr zuführt. Wenn Sie noch nie Gesichtspackungen angewendet haben, eignen sich diese Tage besonders gut für den Start.

Haareschneiden und -waschen

An diesen Tagen ist Haareschneiden und Haarewaschen besonders günstig. Bei Löwe und Jungfrau im zunehmenden Mond geschnitten, wachsen die Haare schneller, im abnehmenden Mond geschnitten, wachsen sie langsamer und dichter. Übrigens: Wenn Sie sich täglich die Haare waschen, sollten Sie zumindest an einem der Fischetage darauf verzichten.

Holzschlagen

Die besten Holzschlagetage sind bei Weitem nicht vollständig angegeben, genauere Angaben zu diesem Spezialgebiet finden Sie in unseren Büchern. Nicht vergessen: Alle Holzregeln sind nur gültig, wenn das Holz natürlich trocknet und lagert!

Jäten und Unkrautauszupfen

Damit ist immer das Entfernen des Unkrauts mitsamt der Wurzel gemeint. Nur Abschneiden oder Mähen genügt nicht, um sich die Kräfte dieser Tage zunutze zu machen.

Malerarbeiten 

Wer schon mit Farben und Lacken in Haushalt oder Beruf gearbeitet hat, wird sicher die Erfahrung gemacht haben, dass die Farbe manchmal nach kurzer Zeit bricht, sich ablöst oder schlecht trocknet. Daran ist nicht immer das Material, die Technik oder die Witterung schuld. Zum richtigen Zeitpunkt verarbeitet, hält die Farbe lange, sie splittert nicht ab und ist witterungsbeständiger. Auch giftige Ausgasungen sind dann nicht so stark. Natürlich sind trotzdem alle üblichen Vorbereitungsmaßnahmen – Schleifen, Spachteln, Grundieren usw. – notwendig, auch wenn Sie auf den richtigen Zeitpunkt achten.

Nagelpflege 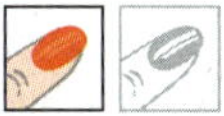

Dass freitags nach Sonnenuntergang die Nagelpflege die besten Resultate bringt, ist eine alte Überlieferung, die nicht im Zusammenhang mit dem Mondrhythmus steht. Sie beweist sich durch Ihre persönliche Erfahrung. Wir können nur empfehlen, es auszuprobieren. Es lohnt sich, wie viele unserer LeserInnen uns bestätigt haben! Vielleicht sind Nagelprobleme auch deshalb so verbreitet, weil Nägel häufig am ungünstigsten Zeitpunkt gepflegt werden, nämlich an Samstagen.

Obstbaumschnitt 

Der richtige Zeitpunkt für den Obstbaumschnitt richtet sich nach den örtlichen klimatischen Verhältnissen. Am besten fragen Sie beim nächstgelegenen Gartenbauverein nach, welche Jahreszeit sich in Ihrer Region am besten eignet, und wählen dann einen guten Tag im angegebenen Zeitraum. Ein Tipp: Schneiden Sie alle Äste weg, die zur Baummitte hin wachsen. Sie kosten den Baum unnötig viel Kraft.

Problemwäsche

Generell eignet sich der abnehmende Mond besser zum Wäschewaschen als der zunehmende. Fast immer kommen Sie dann mit der Hälfte der empfohlenen Waschmittelmenge aus (deshalb niemals nur Waschmitteltabs kaufen!). Problemwäsche und Flecken können Sie an Tagen mit diesem Symbol besonders erfolgreich sauber bekommen, die Fasern werden geschont, das Waschmittel lässt sich restlos ausspülen (wichtig für Allergiker!). Wenn Sie dieses Symbol hellgrau gedruckt finden, ist jede Form des Waschens ungünstig.

Umtopfen und Umsetzen

Hier geht es um das Umsetzen und Umtopfen aller Pflanzenarten, besonders auch das Umtopfen von Zimmer- und Balkonpflanzen, das an diesen Tagen besonders gut gelingt. An heißen Tagen sollte das Umtopfen allerdings erst abends erfolgen, damit die Pflanzen besser mit der Hitze fertigwerden. Nicht gemeint ist hier das Setzen, Umsetzen und Umtopfen von Gemüsepflanzen.

»Mondkur« – Abnehmen und Körperpflege

Dieses Symbol taucht zu Neumond und Vollmond im Kalender auf. Es wäre an diesen Tagen sehr sinnvoll, weniger als sonst zu essen oder gar richtig zu fasten und besonders viel zu trinken. An Neumond entgiftet der Körper besonders gut, während er bei Vollmond alles besser speichert, auch Unerwünschtes.

Zum einfachen Nachschlagen und Auffinden der Symbole finden Sie eine tabellarische Zusammenfassung mit Kurzbezeichnungen auf der vorderen Innenseite des Umschlags.

Ein Überblick über die Tabellen im Kalender

Grundtabelle (auf der hinteren Umschlag-Innenseite)
Die Grundtabelle ist ein wichtiges Handwerkszeug und gibt einen Überblick über die unterschiedlichen Wirkungsimpulse der einzelnen Tierkreiszeichen – auf Körperzonen, Pflanzenteile, Nahrungsqualität etc. Zur Entschlüsselung dieser Impulse eignen sich für den Anfang unsere Bücher *Aus eigener Kraft* und *Der lebendige Garten* am besten.

Aderlasstabelle
Anhand der Aderlasstabelle können Sie die günstigen und ungünstigen Tage für den Aderlass bestimmen. An manchen Tagen im Jahr sollte man generell auf einen Aderlass verzichten, gleichgültig, zu welchem Ergebnis die Auszählung der Tage seit dem letzten Neumond kommt. Diese »Schwend«-Tage spielen auch in Landwirtschaft und Gartenbau eine Rolle und sind im Kalender eigens angegeben. Bevor Sie diese wertvolle Heilmethode anwenden lassen, empfehlen wir Ihnen dringend, das Kapitel über den Aderlass zu lesen *(Aus eigener Kraft)*. Hier nur so viel: Der Aderlass sollte generell nicht öfter als alle zwei Jahre vorgenommen werden!

Alpha-Omega-Identifikationsquiz
Diese Fragenliste kann den Weg weisen zur wichtigsten Säule für gute Gesundheit bis ins hohe Alter. Die ausführliche Erklärung finden Sie u.a. in unserem Buch *Moon Power*. Auf unserer Website bieten wir die Möglichkeit an, Ihren persönlichen Ernährungstyp für Sie zu ermitteln (unter dem Menüpunkt »Service«).

Die Mondkur – gesunde Ernährung im Rhythmus des Mondes
Sich im Rhythmus der Mondphasen ernähren – für viele LeserInnen der erste Schritt zur gesunden und dauerhaften Gewichtsreduktion.

Aderlasstabelle

Tag 1	schlecht	
Tag 2	schlecht	
Tag 3	schlecht	
Tag 4	sehr schlecht	
Tag 5	schlecht	
Tag 6	gut	(Nierentätigkeit)
Tag 7	schlecht	
Tag 8	schlecht	
Tag 9	schlecht	
Tag 10	schlecht	
Tag 11	gut	(Magersucht)
Tag 12	gut	(für den ganzen Körper)
Tag 13	schlecht	
Tag 14	schlecht	
Tag 15	gut	(Magersucht)
Tag 16	sehr schlecht	
Tag 17	sehr gut	(genau zählen)
Tag 18	gut	(für den ganzen Körper)
Tag 19	schlecht	
Tag 20	schlecht	
Tag 21	gut	(für den ganzen Körper)
Tag 22	sehr gut	
Tag 23	gut	(für das Knochengerüst, bei Multipler Sklerose und Rheuma)
Tag 24	gut	(für die Lunge und bei Asthma)
Tag 25	gut	
Tag 26	gut	(bei hohem Blutdruck, gegen Fieber)
Tag 27	sehr schlecht	
Tag 28	gut	
Tag 29	schlecht	
Tag 30	schlecht	

Alpha-Omega-Identifikationsquiz:
Eine kleine Starthilfe zum Erkennen des Ernährungstyps

Alpha-Typ:
Sie vertragen den täglichen Orangensaft, haben bei Gurken keine Probleme mit Aufstoßen und Karotten sind ein bevorzugtes Gemüse? Lieben Sie größere Mahlzeiten, dafür in größeren Abständen, ohne Snacks zwischendurch? Nach Süßigkeiten und Weizenbrot stellt sich regelmäßig Müdigkeit ein? Bekommen Sie von Kirschen oder Pflaumen einen sauren Magen, vertragen Äpfel besser? Fast immer mit Ja geantwortet, lässt einen Alpha-Typ vermuten.

Omega-Typ:
Sie haben relativ oft Hungergefühle, sind aber dann schon mit Kleinigkeiten wie Obst, Müslischnitte, Smoothie zufrieden? Große Portionen wirken abschreckend? Süßigkeiten wirken nicht so belastend, wie man erwarten könnte? Weißbrot vertragen Sie gut, bekommen von Roggenbrot eher Magendrücken? Tierisches Fett, Butter usw. kann schon mal eine leichte Übelkeit verursachen? Der tägliche, angeblich so gesunde Apfel kann Sie nicht wirklich begeistern? Viele Ja-Antworten lassen einen Omega-Typ vermuten.

Alle diese Hinweise können zu einer Zuordnung führen. Die Zugehörigkeit zu einem Ernährungstyp besteht lebenslang, auch wenn sich Vorlieben und Geschmacksrichtungen ändern. Ernährungsgewohnheiten können allerdings so stark verankert sein, dass man zu vertragen glaubt, was eigentlich schädlich ist. Auf Seite 138 finden Sie ein Angebot zur Ermittlung Ihres Ernährungstyps.

Die Mondkur – gesunde Ernährung im Rhythmus des Mondes

Regel Nr. 1: Kaufen Sie Ihre Lebensmittel so frisch, so vollwertig und naturbelassen, so liebevoll ausgewählt und zubereitet wie nur möglich.
Regel Nr. 2: Wählen Sie stets jene Lebensmittel, die Ihrem Typ entsprechen. Scheuen Sie aber Ausnahmen nicht. Als Alpha-Typ konzentrieren Sie sich auf drei Mahlzeiten täglich, als Omega-Typ auf fünf Mahlzeiten täglich.
Regel Nr. 3: Essen Sie im Rhythmus des Mondes.

Mondphase	*Grundregel*	*Förderlich*
VOLLMOND	Essen Sie schon zwei, drei Tage vorher möglichst wenig und ab 18 Uhr nichts mehr. Fasten Sie am Vollmondtag, wenn es ohne Kreislaufprobleme möglich ist, und trinken Sie an diesem Tag mehr als zwei Liter.	Viel Vollmond-Tee bis etwa 19 Uhr, danach nur noch nach Durstgefühl. Obst-, Saft- oder Fastentage um Vollmond herum.
ABNEHMEN-DER MOND	Essen Sie wie gewohnt und achten Sie auf die Nahrungsqualität des Tages. Wenn Sie sich wohlfühlen, dann brauchen Sie nicht darauf zu achten: Ihr Gespür ist schon erwacht. Essen Sie nach 17 Uhr nichts mehr.	Abnehmender-Mond-Tee bis etwa 19 Uhr, danach nur nach Durstgefühl. Nach Belieben täglich den ganzen Körper mit Entschlackungsöl »Vom richtigen Zeitpunkt« massieren.
NEUMOND	Essen Sie schon zwei, drei Tage vorher möglichst wenig. Fasten Sie am Neumondtag, wenn es ohne Kreislaufprobleme möglich ist, und trinken Sie an diesem Tag mehr als zwei Liter.	Die Teemischung für den Neumond. Obst-, Saft- oder Fastentage um Neumond herum.
ZUNEHMEN-DER MOND	Essen Sie insgesamt weniger und achten Sie auf die Nahrungsqualität des Tages. Essen Sie nach 18 Uhr nichts mehr. Trinken Sie täglich viel bis etwa 19 Uhr, danach je nach Durstgefühl.	Von der Teemischung für den zunehmenden Mond begleiten lassen, mindestens zwei Liter täglich. Täglich mit Gewebestrafföl »Vom richtigen Zeitpunkt« den ganzen Körper massieren.

Ihre persönlichen Mini-Mondkalender für 2025

Damit Sie Ihr Mondjahr noch besser und einfacher planen können, haben wir die am meisten verwendeten Tätigkeiten in kleine Jahrestabellen zusammengefasst. Zum Kopieren, Ausschneiden, Beisichtragen. Wir persönlich laden sie aufs Handy.

Ihr persönlicher Mini-Merkurkalender 2025

Die Zeiten für den rückläufigen Merkur
im Jahr 2025:

vom 14.3. bis 7.4.
vom 18.7. bis 11.8.
vom 9.11. bis 29.11.

Unser Tipp: In den genannten Zeiten möglichst nichts Neues beginnen, sondern Altes loslassen. Auch Vertragsabschlüsse gestalten sich im Verlauf manchmal problematisch.

Ihr persönlicher Mini-Mondkalender 2025

Eingriffe und Operationen
sind 2025 generell günstig:

vom 14.1. bis 28.1.
vom 15.2. bis 27.2.
vom 14.3. bis 28.3.
vom 13.4. bis 27.4.
vom 13.5. bis 26.5.
vom 12.6. bis 24.6.
vom 11.7. bis 24.7.
vom 9.8. bis 21.8.
vom 8.9. bis 21.9.
vom 7.10. bis 21.10.
vom 6.11. bis 19.11.
vom 5.12. bis 19.12.

Wichtig: Bitte jedoch jene Tierkreiszeichen meiden, die die Körperregion regieren, an der operiert wird! Also beispielsweise keine Kopfoperation an Widder, keine neue Hüfte an Waage usw.

Ihr persönlicher Mini-Mondkalender 2025

Zahnziehen und Kieferoperationen
sind 2025 zu diesen Zeiten begünstigt:

vom 14.1. bis 28.1.	am 24.6.	vom 11.10. bis 21.10.
vom 15.2. bis 27.2.	vom 11.7. bis 16.7.	vom 7.11. bis 19.11.
vom 14.3. bis 28.3.	vom 21.7. bis 24.7.	vom 5.12. bis 19.12.
vom 13.4. bis 25.4.	vom 9.8. bis 12.8.	
vom 13.5. bis 22.5.	vom 17.8. bis 21.8.	
vom 12.6. bis 18.6.	vom 13.9. bis 21.9.	

Ihr persönlicher Mini-Mondkalender 2025

Haareschneiden ist im Jahr 2025 sehr günstig:

vom 15.1. bis 19.1.	vom 31.5. bis 4.6.	vom 15.10. bis 19.10.
vom 11.2. bis 15.2.	vom 28.6. bis 1.7.	vom 11.11. bis 15.11.
vom 10.3. bis 14.3.	vom 25.7. bis 29.7.	vom 9.12. bis 12.12.
vom 7.4. bis 11.4.	vom 22.8. bis 25.8.	
vom 4.5. bis 8.5.	vom 18.9. bis 21.9.	

Unser Tipp: Wie immer ist Jungfrau ideal geeignet für das gute Styling, für Dauerwellen und den schnellen Übergang von Kurz- zu Langhaarfrisuren.

Ihr persönlicher Mini-Mondkalender 2025

ACHTUNG! Sonnenbaden (auch Solariumsbesuch!)
ist 2025 sehr ungünstig:

am 13. und 14.1.	am 29. und 30.5.	am 13. und 14.10.
am 9. und 10.2.	am 26. und 27.6.	am 9. und 10.11.
am 8. und 9.3.	am 23. und 24.7.	am 7. und 8.12.
am 4. und 5.4.	vom 19. bis 21.8.	
am 2. und 3.5.	am 16. und 17.9.	

Schatten wäre an den genannten Tagen der beste Sonnenschutz!

Ihr persönlicher Mini-Mondkalender 2025

Permanent-Make-up und Tattoos sind im Jahr 2025 günstig:

vom 14.1. bis 28.1.	vom 13.5. bis 26.5.	vom 8.9. bis 21.9.
vom 15.2. bis 27.2.	vom 12.6. bis 24.6.	vom 7.10. bis 21.10.
vom 14.3. bis 28.3.	vom 11.7. bis 24.7.	vom 6.11. bis 19.11.
vom 13.4. bis 27.4.	vom 9.8. bis 21.8.	vom 5.12. bis 19.12.

Bitte in den genannten Zeiten sicherheitshalber das Tierkreiszeichen Steinbock auslassen, weil es die Haut regiert.

Ihr persönlicher Mini-Mondkalender 2025

Zahnstein entfernen und Mundhygiene

sind im Jahr 2025 günstig:

vom 14.1. bis 28.1.	vom 12.6. bis 18.6.	vom 17.8. bis 21.8.
vom 15.2. bis 27.2.	am 24.6.	vom 13.9. bis 21.9.
vom 14.3. bis 28.3.	vom 11.7. bis 16.7.	vom 11.10. bis 21.10.
vom 13.4. bis 25.4.	vom 21.7. bis 24.7.	vom 7.11. bis 19.11.
vom 13.5. bis 22.5.	vom 9.8. bis 12.8.	vom 5.12. bis 19.12.

Unser Tipp: Bei hartnäckigem Zahnstein wären in den genannten Zeiten die Steinbocktage von Januar bis Juni 2025 besonders günstig!

Ihr persönlicher Mini-Mondkalender 2025

Problemwäsche waschen

ist im Jahr 2025 generell günstig:

vom 14.1. bis 28.1.	vom 13.5. bis 26.5.	vom 8.9. bis 21.9.
vom 15.2. bis 27.2.	vom 12.6. bis 24.6.	vom 7.10. bis 21.10.
vom 14.3. bis 28.3.	vom 11.7. bis 24.7.	vom 6.11. bis 19.11.
vom 13.4. bis 27.4.	vom 9.8. bis 21.8.	vom 5.12. bis 19.12.

Sehr günstig sind in den genannten Zeiten die Wassertage (Krebs, Skorpion, Fische)!

Ihr persönlicher Mini-Mondkalender 2025

Fensterputzen

ist im Jahr 2025 günstig:

vom 14.1. bis 28.1.	vom 13.5. bis 26.5.	vom 8.9. bis 21.9.
vom 15.2. bis 27.2.	vom 12.6. bis 24.6.	vom 7.10. bis 21.10.
vom 14.3. bis 28.3.	vom 11.7. bis 24.7.	vom 6.11. bis 19.11.
vom 13.4. bis 27.4.	vom 9.8. bis 21.8.	vom 5.12. bis 19.12.

Sehr günstig ist das Fensterputzen, wenn in den genannten Zeiten der Mond gleichzeitig in einem Luft- oder Wasserzeichen steht. Wasserzeichen sind besonders günstig, wenn gleichzeitig der Rahmen mit gesäubert werden soll.

Januar 2025		Februar 2025		März 2025	
M 1 Neujahr	1	S 1		S 1	
D 2 Berchtoldstag		S 2		S 2	
F 3		M 3	6	M 3 Rosenmontag	10
S 4		D 4		D 4 Faschingsdienstag	
S 5		M 5 ☽		M 5 Aschermittwoch	
M 6 Hl. Drei Könige	2	D 6		D 6 ☽	
D 7 ☽		F 7		F 7	
M 8		S 8		S 8	
D 9		S 9		S 9	
F 10		M 10	7	M 10	11
S 11		D 11		D 11	
S 12		M 12 ○ 14.52		M 12	
M 13 ○ 23.24	3	D 13		D 13	
D 14		F 14		F 14 ○ 07.55	
M 15		S 15		S 15	
D 16		S 16		S 16	
F 17		M 17	8	M 17	12
S 18		D 18		D 18	
S 19		M 19		M 19	
M 20	4	D 20 ☾		D 20	
D 21 ☾		F 21		F 21	
M 22		S 22		S 22 ☾	
D 23		S 23		S 23	
F 24		M 24	9	M 24	13
S 25		D 25		D 25	
S 26		M 26		M 26	
M 27	5	D 27		D 27	
D 28		F 28 ● 01.44		F 28	
M 29 ● 13.35				S 29 ● 11.57	
D 30				S 30	
F 31				M 31	14

Sommerzeiten nicht berücksichtigt

April 2025	Mai 2025	Juni 2025
D 1 ♉	D 1 ♊ Maifeiertag	S 1 ♌
M 2 ♊	F 2 ♋	M 2 ♌ 23
D 3 ♊	S 3 ♋	D 3 ♍ ☽
F 4 ♋	S 4 ♌ ☽	M 4 ♍
S 5 ♋ ☽	M 5 ♌ 19	D 5 ♎
S 6 ♋	D 6 ♍	F 6 ♎
M 7 ♌ 15	M 7 ♍	S 7 ♎
D 8 ♌	D 8 ♍	S 8 ♏ Pfingstsonntag
M 9 ♍	F 9 ♎	M 9 ♏ Pfingstmontag 24
D 10 ♍	S 10 ♎	D 10 ♐
F 11 ♍	S 11 ♏ Muttertag	M 11 ♐ ○ 08.42
S 12 ♎	M 12 ♏ ○ 17.54 20	D 12 ♐
S 13 ♎ ○ 01.22	D 13 ♏	F 13 ♑
M 14 ♏ 16	M 14 ♐	S 14 ♑
D 15 ♏	D 15 ♐	S 15 ♒
M 16 ♏	F 16 ♑	M 16 ♒ 25
D 17 ♐ Gründonnerstag	S 17 ♑	D 17 ♓
F 18 ♐ Karfreitag	S 18 ♑	M 18 ♓ ☾
S 19 ♑	M 19 ♒ 21	D 19 ♓ Fronleichnam
S 20 ♑ Ostersonntag	D 20 ♒ ☾	F 20 ♈
M 21 ♑ ☾ Ostermontag 17	M 21 ♓	S 21 ♈
D 22 ♒	D 22 ♓	S 22 ♉
M 23 ♒ Welttag des Buches	F 23 ♈	M 23 ♉ 26
D 24 ♓	S 24 ♈	D 24 ♊
F 25 ♓	S 25 ♉	M 25 ♊ ● 11.31
S 26 ♈	M 26 ♉ 22	D 26 ♋
S 27 ♈ ● 20.30	D 27 ♊ ● 04.01	F 27 ♋
M 28 ♉ 18	M 28 ♊	S 28 ♌
D 29 ♉	D 29 ♋ Christi Himmelfahrt	S 29 ♌
M 30 ♊	F 30 ♋	M 30 ♍ 27
	S 31 ♌	

= abnehmender Mond

Juli 2025	August 2025	September 2025
D 1	F 1 ☽ Schweizer Nationalfeiertag	M 1 **36**
M 2 ☽	S 2	D 2
D 3	S 3	M 3
F 4	M 4 **32**	D 4
S 5	D 5	F 5
S 6	M 6	S 6
M 7 **28**	D 7	S 7 ○ 19.08
D 8	F 8	M 8 **37**
M 9	S 9 ○ 08.55	D 9
D 10 ○ 21.36	S 10	M 10
F 11	M 11 **33**	D 11
S 12	D 12	F 12
S 13	M 13	S 13
M 14 **29**	D 14	S 14 ☾
D 15	F 15 Mariä Himmelfahrt	M 15 **38**
M 16	S 16 ☾	D 16
D 17	S 17	M 17
F 18 ☾	M 18 **34**	D 18
S 19	D 19	F 19
S 20	M 20	S 20
M 21 **30**	D 21	S 21 ● 20.53
D 22	F 22	M 22 **39**
M 23	S 23 ● 07.06	D 23
D 24 ● 20.10	S 24	M 24
F 25	M 25 **35**	D 25
S 26	D 26	F 26
S 27	M 27	S 27
M 28 **31**	D 28	S 28
D 29	F 29	M 29 **40**
M 30	S 30	D 30 ☽
D 31	S 31 ☽	

Sommerzeiten nicht berücksichtigt

Oktober 2025	November 2025	Dezember 2025
M 1	S 1 Allerheiligen	M 1 49
D 2	S 2	D 2
F 3 Tag der Dt. Einheit	M 3 45	M 3
S 4	D 4	D 4
S 5	M 5 ○ 14.18	F 5 ○ 00.14
M 6 41	D 6	S 6
D 7 ○ 04.45	F 7	S 7 2. Advent
M 8	S 8	M 8 50
D 9	S 9	D 9
F 10	M 10 46	M 10
S 11	D 11	D 11 ☾
S 12	M 12 ☾	F 12
M 13 ☾ 42	D 13	S 13
D 14	F 14	S 14 3. Advent
M 15	S 15	M 15 51
D 16	S 16	D 16
F 17	M 17 47	M 17
S 18	D 18	D 18
S 19	M 19 Buß- und Bettag	F 19
M 20 43	D 20 ● 07.46	S 20 ● 02.42
D 21 ● 13.24	F 21	S 21 4. Advent
M 22	S 22	M 22 52
D 23	S 23	D 23
F 24	M 24 48	M 24 Heiliger Abend
S 25	D 25	D 25 1. Weihnachtsfeiertag
S 26 Österr. Nationalfeiertag	M 26	F 26 2. Weihnachtsfeiertag
M 27 44	D 27	S 27 ☽
D 28	F 28 ☽	S 28
M 29 ☽	S 29	M 29
D 30	S 30 1. Advent	D 30
F 31 Reformationstag		M 31 Silvester

= abnehmender Mond

Januar 2026	KW	Februar 2026	KW	März 2026	KW
D 1 ♊ Neujahr	1	S 1 ♋ ○ 23.10		S 1 ♌	
F 2 ♊ Berchtoldstag		M 2 ♌	6	M 2 ♌	10
S 3 ♋ ○ 11.05		D 3 ♌		D 3 ♍ ○ 12.41	
S 4 ♋		M 4 ♍		M 4 ♍	
M 5 ♌	2	D 5 ♍		D 5 ♎	
D 6 ♌ Hl. Drei Könige		F 6 ♎		F 6 ♎	
M 7 ♍		S 7 ♎		S 7 ♎	
D 8 ♍		S 8 ♏		S 8 ♏	
F 9 ♍		M 9 ♏ ☾	7	M 9 ♏	11
S 10 ♎ ☾		D 10 ♏		D 10 ♐	
S 11 ♎		M 11 ♐		M 11 ♐ ☾	
M 12 ♏	3	D 12 ♐		D 12 ♐	
D 13 ♏		F 13 ♑		F 13 ♑	
M 14 ♏		S 14 ♑		S 14 ♑	
D 15 ♐		S 15 ♑		S 15 ♒	
F 16 ♐		M 16 ♒	8	M 16 ♒	12
S 17 ♑		D 17 ♒ ● 12.57		D 17 ♒	
S 18 ♑ ● 20.50		M 18 ♓		M 18 ♓	
M 19 ♒	4	D 19 ♓		D 19 ♓ ● 02.21	
D 20 ♒		F 20 ♈		F 20 ♈	
M 21 ♒		S 21 ♈		S 21 ♈	
D 22 ♓		S 22 ♈		S 22 ♉	
F 23 ♓		M 23 ♉	9	M 23 ♉	13
S 24 ♈		D 24 ♉ ☽		D 24 ♊	
S 25 ♈		M 25 ♊		M 25 ♊ ☽	
M 26 ♉ ☽	5	D 26 ♊		D 26 ♋	
D 27 ♉		F 27 ♋		F 27 ♋	
M 28 ♊		S 28 ♋		S 28 ♌	
D 29 ♊				S 29 ♌	
F 30 ♋				M 30 ♍	14
S 31 ♋				D 31 ♍	

Sommerzeiten nicht berücksichtigt

April 2026	Mai 2026	Juni 2026
M 1	F 1 ○ 18.24 Maifeiertag	M 1 23
D 2 ○ 03.13 Gründonnerstag	S 2	D 2
F 3 Karfreitag	S 3	M 3
S 4	M 4 19	D 4
S 5 Ostersonntag	D 5	F 5
M 6 Ostermontag 15	M 6	S 6
D 7	D 7	S 7
M 8	F 8	M 8 ☾ 24
D 9	S 9 ☾	D 9
F 10 ☾	S 10	M 10
S 11	M 11 20	D 11
S 12	D 12	F 12
M 13 16	M 13	S 13
D 14	D 14	S 14
M 15	F 15	M 15 ● 03.54 25
D 16	S 16 ● 21.01	D 16
F 17 ● 12.49	S 17	M 17
S 18	M 18 21	D 18
S 19	D 19	F 19
M 20 17	M 20	S 20
D 21	D 21	S 21 ☽
M 22	F 22	M 22 26
D 23 Welttag des Buches	S 23 ☽	D 23
F 24 ☽	S 24 Pfingstsonntag	M 24
S 25	M 25 Pfingstmontag 22	D 25
S 26	D 26	F 26
M 27 18	M 27	S 27
D 28	D 28	S 28
M 29	F 29	M 29 27
D 30	S 30	D 30 ○ 00.56
	S 31 ○ 09.45	

= abnehmender Mond

Juli 2026	August 2026	September 2026
M 1	S 1 Schweizer Nationalfeiertag	D 1
D 2	S 2	M 2
F 3	M 3 32	D 3
S 4	D 4	F 4 ☾
S 5	M 5	S 5
M 6 28	D 6 ☾	S 6
D 7 ☾	F 7	M 7 37
M 8	S 8	D 8
D 9	S 9	M 9
F 10	M 10 33	D 10
S 11	D 11	F 11 ● 04.28
S 12	M 12 ● 18.38	S 12
M 13 29	D 13	S 13
D 14 ● 10.46	F 14	M 14 38
M 15	S 15	D 15
D 16	S 16	M 16
F 17	M 17 34	D 17
S 18	D 18	F 18 ☽
S 19	M 19	S 19
M 20 30	D 20 ☽	S 20
D 21 ☽	F 21	M 21 39
M 22	S 22	D 22
D 23	S 23	M 23
F 24	M 24 35	D 24
S 25	D 25	F 25
S 26	M 26	S 26 ○ 17.45
M 27 31	D 27	S 27
D 28	F 28 ○ 05.15	M 28 40
M 29 ○ 15.33	S 29	D 29
D 30	S 30	M 30
F 31	M 31 36	

Sommerzeiten nicht berücksichtigt

Oktober 2026			November 2026			Dezember 2026		
D 1			S 1	☾ Allerheiligen		D 1	☾	
F 2			M 2		45	M 2		
S 3	☾ Tag der Dt. Einheit		D 3			D 3		
S 4			M 4			F 4		
M 5		41	D 5			S 5		
D 6			F 6			S 6	2. Advent	
M 7			S 7			M 7		50
D 8			S 8			D 8		
F 9			M 9	● 08.04	46	M 9	● 01.51	
S 10	● 16.53		D 10			D 10		
S 11			M 11			F 11		
M 12		42	D 12			S 12		
D 13			F 13			S 13	3. Advent	
M 14			S 14			M 14		51
D 15			S 15			D 15		
F 16			M 16		47	M 16		
S 17			D 17	☽		D 17	☽	
S 18	☽		M 18			F 18		
M 19		43	D 19			S 19		
D 20			F 20			S 20	4. Advent	
M 21			S 21			M 21		52
D 22			S 22			D 22		
F 23			M 23		48	M 23		
S 24			D 24	○ 15.52		D 24	○ 02.27 Heiliger Abend	
S 25			M 25			F 25	1. Weihnachtsfeiertag	
M 26	Österr. Nationalfeiertag ○ 05.09	44	D 26			S 26	2. Weihnachtsfeiertag	
D 27			F 27			S 27		
M 28			S 28			M 28		53
D 29			S 29	1. Advent		D 29		
F 30			M 30		49	M 30		
S 31	Reformationstag					D 31	Silvester	

= abnehmender Mond

Dezember 2024/Januar 2025 — 1. Woche

30 Mo
NM 23.26
Schütze
Gute Vorsätze fürs neue Jahr?
Am besten ab heute schon beginnen!

31 Di Silvester
Steinbock
Tag 1 für die Aderlassberechnung.
Knie
Wurzel
Salz

1 Mi Neujahr
Steinbock
Ein gutes neues Jahr 2025!

2 Do Berch-
toldstag
Wassermann
Heute bis Samstag kein Aderlass!
Unterschenkel, Venen
Blüte
Fett

3 Fr
Wassermann

4 Sa
Fische
Füße
Blatt
Kohlenhydrate

5 So
Fische

Notizen und Erfahrungen: **Mein Biorhythmus** **K** **S** **G**

Januar 2025

2. Woche

6 Mo HI. Drei Könige

Widder

Kopfbereich
Frucht
Eiweiß

7 Di

Widder

8 Mi

Stier

Kiefer, Halsbereich
Wurzel
Salz

9 Do

Stier

10 Fr

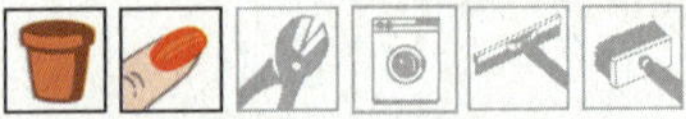

Stier

Nicht vergessen: Jeder Vollmondtag und die drei Tage vorher generell schlechte Zeit für Impfungen!

11 Sa

Zwillinge

Schultern, Arme
Blüte
Fett

12 So

Zwillinge

Nichtstun ist besser als mit viel Mühe nichts schaffen.
Lao Tse

Notizen und Erfahrungen: **Mein Biorhythmus** **K** **S** **G**

Januar 2025

3. Woche

13 Mo

VM

23.24

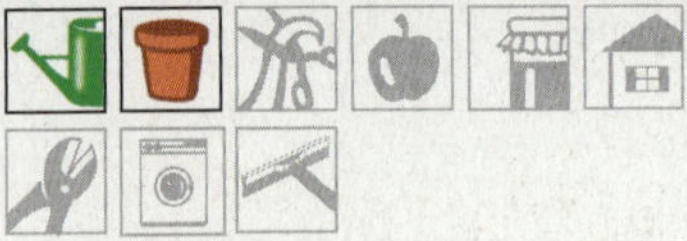

Krebs

Brustbereich, Lunge
Blatt
Kohlenhydrate

14 Di

Krebs

15 Mi

Löwe

Herz, Kreislauf
Frucht
Eiweiß

16 Do

Löwe

17 Fr

Jungfrau

Verdauungsorgane
Wurzel
Salz

18 Sa

Jungfrau

Heute kein Aderlass!

19 So

Jungfrau

Unternimm niemals etwas, wozu du nicht das Herz hast,
auch den Segen des Himmels zu erbitten. *Georg Lichtenberg*

Notizen und Erfahrungen: **Mein Biorhythmus K S G**

Januar 2025

4. Woche

20 Mo

Waage

Hüftbereich
Blüte
Fett

21 Di

Waage

22 Mi

Skorpion

Geschlechtsorgane
Blatt
Kohlenhydrate

23 Do

Skorpion

24 Fr

Skorpion

25 Sa

Schütze

Oberschenkel, Venen
Frucht
Eiweiß

26 So

Schütze

Ich bin immer, auch im Leben, für Ruhepunkte.
Parks ohne Bänke können mir gestohlen bleiben. *Theodor Fontane*

Notizen und Erfahrungen:	Mein Biorhythmus K	S	G

Januar/Februar 2025

5. Woche

27 Mo

Steinbock

Knie
Wurzel
Salz

28 Di

Steinbock

29 Mi

NM
13.35

Wassermann

Unterschenkel, Venen
Blüte
Fett

30 Do

Wassermann

Tag 1 für die Aderlassberechnung.

31 Fr

Fische

Füße
Blatt
Kohlenhydrate

1 Sa

Fische

2 So

Fische

Das Datum gilt als sehr günstiger Tag für einen Neubeginn jeglicher Art. Nutzen Sie ihn!

Notizen und Erfahrungen: **Mein Biorhythmus** **K S G**

	K	S	G

Februar 2025

6. Woche

3 Mo

Widder

Heute kein Aderlass!

Kopfbereich
Frucht
Eiweiß

4 Di

Widder

5 Mi

Stier

Kiefer, Halsbereich
Wurzel
Salz

6 Do

Stier

Heute kein Aderlass!

7 Fr

Zwillinge

Schultern, Arme
Blüte
Fett

8 Sa

Zwillinge

Heute kein Aderlass!

9 So

Krebs

Brustbereich, Lunge
Blatt
Kohlenhydrate

Notizen und Erfahrungen: **Mein Biorhythmus** **K** **S** **G**

Februar 2025 7. Woche

10 Mo

Krebs

11 Di

Löwe

Herz, Kreislauf
Frucht
Eiweiß

12 Mi

VM
14.52

Löwe

Gehen lernt man auch durch Stolpern.
Aus Bulgarien

13 Do

Löwe

14 Fr
Valentins-
tag

Jungfrau

Verdauungsorgane
Wurzel
Salz

15 Sa

Jungfrau

16 So

Waage

Heute kein Aderlass!

Hüftbereich
Blüte
Fett

Notizen und Erfahrungen:

Notizen und Erfahrungen	Mein Biorhythmus K	S	G

Februar 2025

8. Woche

17 Mo

Waage

18 Di

Waage

19 Mi

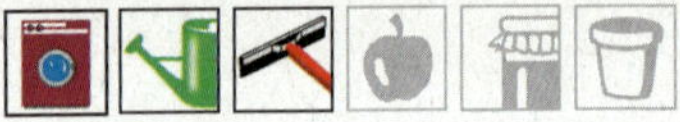

Skorpion

Geschlechtsorgane
Blatt
Kohlenhydrate

20 Do

Skorpion

21 Fr

Schütze

Oberschenkel, Venen
Frucht
Eiweiß

22 Sa

Schütze

23 So

Schütze

Es ist ein Vorteil im Leben, die Fehler, aus denen man lernen kann, frühzeitig zu machen. *Sir Winston Churchill*

Notizen und Erfahrungen: **Mein Biorhythmus** K S G

Notizen	K	S	G

Februar/März 2025

24	Mo	☾		Steinbock Knie Wurzel Salz
25	Di	☾		Steinbock
26	Mi	☾		Wassermann Unterschenkel, Venen Blüte Fett
27	Do	☾		Wassermann
28	Fr	● NM 1.44	Tag 1 für die Aderlassberechnung.	Fische Füße Blatt Kohlenhydrate
1	Sa	☽		Fische
2	So	☽		Widder Kopfbereich Frucht Eiweiß

Notizen und Erfahrungen: Mein Biorhythmus	K	S	G

März 2025

10. Woche

3 Mo Rosenmontag — Widder

4 Di Faschingsdienstag — Stier

Kiefer, Halsbereich
Wurzel
Salz

5 Mi Aschermittwoch — Stier

6 Do — Zwillinge

Schultern, Arme
Blüte
Fett

7 Fr — Zwillinge

8 Sa — Krebs

Brustbereich, Lunge
Blatt
Kohlenhydrate

9 So — Krebs

In jeder Minute, die man mit Ärger verbringt, versäumt man sechzig Sekunden seines Lebens. *William Somerset Maugham*

Notizen und Erfahrungen:

Mein Biorhythmus K S G

10 Mo

Löwe

Herz, Kreislauf
Frucht
Eiweiß

11 Di

Löwe

12 Mi

Löwe

13 Do

Jungfrau

Heute bis 15. März
kein Aderlass!

Verdauungsorgane
Wurzel
Salz

14 Fr

VM
7.55

Jungfrau

Beginn des rückläufigen Merkur!

15 Sa

Waage

Hüftbereich
Blüte
Fett

16 So

Waage

Von heute an bis Neumond ideale Zeit
für einen Frühjahrsputz.

Notizen und Erfahrungen: **Mein Biorhythmus** **K** **S** **G**

März 2025

12. Woche

17 Mo ☾

Waage

---

18 Di ☾

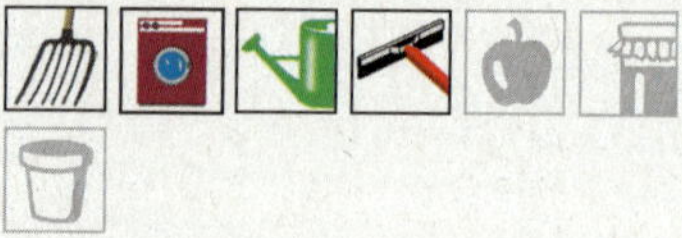

Skorpion

Geschlechtsorgane
Blatt
Kohlenhydrate

---

19 Mi ☾

Skorpion

---

20 Do ☾

Schütze

Oberschenkel, Venen
Frucht
Eiweiß

---

21 Fr ☾

Schütze

---

22 Sa ☾

Schütze

---

23 So ☾

Steinbock

Versuchen wir uns doch einmal entschieden auf die Seite des Positiven zu stellen, in jeder Sache. *Christian Morgenstern*

Knie
Wurzel
Salz

Notizen und Erfahrungen: **Mein Biorhythmus** **K** **S** **G**

24 Mo ☾

Steinbock

25 Di ☾

Wassermann

Unterschenkel, Venen
Blüte
Fett

26 Mi ☾

Wassermann

27 Do ☾

Fische

Füße
Blatt
Kohlenhydrate

28 Fr ☾

Fische

29 Sa ● NM 11.57

Heute kein Aderlass!

Widder

Kopfbereich
Frucht
Eiweiß

30 So ☽

Widder

Notizen und Erfahrungen: **Mein Biorhythmus K S G**

März/April 2025 14. Woche

31 Mo ☽
Stier
Kiefer, Halsbereich
Wurzel
Salz

1 Di ☽
Stier

2 Mi ☽
Zwillinge
Schultern, Arme
Blüte
Fett

3 Do ☽
Zwillinge

4 Fr ☽
Krebs
Brustbereich, Lunge
Blatt
Kohlenhydrate

5 Sa ☽
Krebs

6 So ☽
Krebs

Bereit sein ist viel, warten können ist mehr, aber erst den rechten Augenblick nützen ist alles. *Arthur Schnitzler*

Notizen und Erfahrungen: **Mein Biorhythmus** **K** **S** **G**

April 2025 15. Woche

7 Mo

☽

Ende des rückläufigen Merkur!

Löwe

Herz, Kreislauf
Frucht
Eiweiß

8 Di

☽

Löwe

9 Mi

☽

Jungfrau

Verdauungsorgane
Wurzel
Salz

10 Do

☽

Jungfrau

11 Fr

☽

Jungfrau

12 Sa

☽

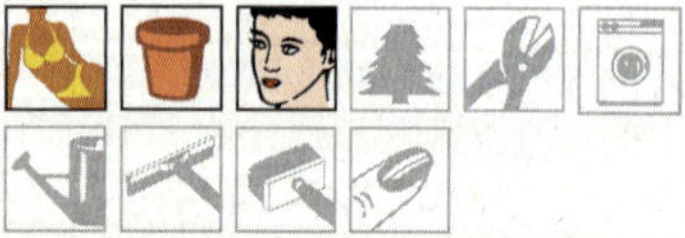

Waage

Hüftbereich
Blüte
Fett

13 So

● VM
1.22

Waage

Notizen und Erfahrungen: **Mein Biorhythmus** **K** **S** **G**

14 Mo

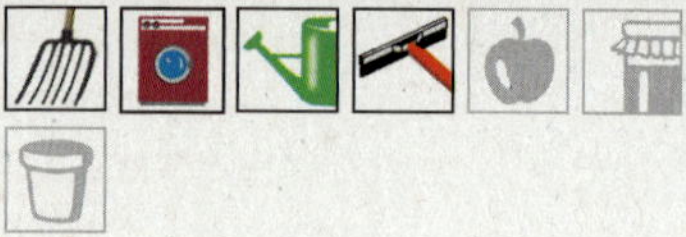

Skorpion

Geschlechtsorgane
Blatt
Kohlenhydrate

15 Di

Skorpion

16 Mi

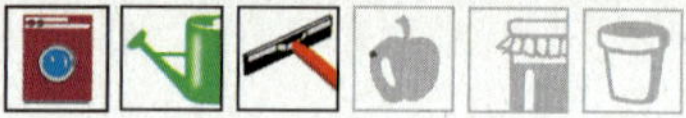

Skorpion

17 Do Gründonnerstag

Schütze

Oberschenkel, Venen
Frucht
Eiweiß

18 Fr Karfreitag

Schütze

19 Sa

Steinbock

Heute kein Aderlass!

Knie
Wurzel
Salz

20 So Ostersonntag

Steinbock

Wir wünschen allen LeserInnen ein frohes Osterfest!

Notizen und Erfahrungen: **Mein Biorhythmus** K S G

April 2025 — 17. Woche

21 Mo Ostermontag — Steinbock

22 Di — Wassermann
Unterschenkel, Venen
Blüte
Fett

23 Mi Welttag des Buches — Wassermann

24 Do — Fische
Füße
Blatt
Kohlenhydrate

25 Fr — Fische

26 Sa — Widder
Kopfbereich
Frucht
Eiweiß

27 So — Widder
NM
20.30

Hat man vierundzwanzig Stunden früher recht als die übrigen Menschen, so gilt man vierundzwanzig Stunden lang als verrückt. *Anny Rivarossi*

Notizen und Erfahrungen:	Mein Biorhythmus K	S	G

April/Mai 2025 — 18. Woche

28 Mo ☽	Tag 1 für die Aderlassberechnung.	Stier	Kiefer, Halsbereich Wurzel Salz
29 Di ☽		Stier	
30 Mi ☽		Zwillinge	Schultern, Arme Blüte Fett
1 Do Maifeiertag ☽		Zwillinge	
2 Fr ☽		Krebs	Brustbereich, Lunge Blatt Kohlenhydrate
3 Sa ☽	Heute kein Aderlass!	Krebs	
4 So ☽		Löwe	Herz, Kreislauf Frucht Eiweiß

Notizen und Erfahrungen: Mein Biorhythmus K S G

5	Mo	Löwe	
6	Di	Jungfrau	Verdauungsorgane Wurzel Salz
7	Mi	Jungfrau	
8	Do	Jungfrau	
9	Fr	Waage	Hüftbereich Blüte Fett
10	Sa	Waage	Heute kein Aderlass!
11	So Muttertag	Skorpion	Geschlechtsorgane Blatt Kohlenhydrate

Notizen und Erfahrungen: **Mein Biorhythmus K S G**

Mai 2025 — 20. Woche

12 Mo
VM
17.54

Skorpion

13 Di

Skorpion

14 Mi

Schütze

Oberschenkel, Venen
Frucht
Eiweiß

15 Do

Schütze

16 Fr

Steinbock

Knie
Wurzel
Salz

17 Sa

Steinbock

18 So

Steinbock

Die Meinung »Zeit ist Geld« ist der Gipfel der Gemeinheit.
Zeit ist Reifung, Einteilung, Ordnung, Vollendung. *Paul Valéry*

Notizen und Erfahrungen: **Mein Biorhythmus K S G**

19 Mo ☾
Wassermann
Unterschenkel, Venen
Blüte
Fett

20 Di ☾
Wassermann

21 Mi ☾
Fische
Füße
Blatt
Kohlenhydrate

22 Do ☾
Fische
Heute kein Aderlass!

23 Fr ☾
Widder
Kopfbereich
Frucht
Eiweiß

24 Sa ☾
Widder

25 So ☾
Stier
Heute kein Aderlass!
Kiefer, Halsbereich
Wurzel
Salz

Notizen und Erfahrungen: Mein Biorhythmus	K	S	G

Mai/Juni 2025

22. Woche

26 Mo
☾

Stier

27 Di
● NM
4.01

Zwillinge

Tag 1 für die Aderlassberechnung.

Schultern, Arme
Blüte
Fett

28 Mi
☽

Zwillinge

29 Do
Christi Himmelfahrt
☽

Krebs

Brustbereich, Lunge
Blatt
Kohlenhydrate

30 Fr
☽

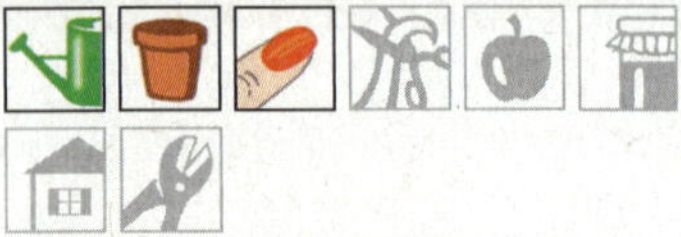

Krebs

31 Sa
☽

Löwe

Herz, Kreislauf
Frucht
Eiweiß

1 So
☽

Löwe

Notizen und Erfahrungen: Mein Biorhythmus K S G

Juni 2025

23. Woche

Tag		Sternzeichen	
2	Mo	Löwe	
3	Di	Jungfrau	Verdauungsorgane Wurzel Salz
4	Mi	Jungfrau	
5	Do	Waage	Hüftbereich Blüte Fett
6	Fr	Waage	
7	Sa	Waage	
8	So Pfingst- sonntag	Skorpion	Geschlechtsorgane Blatt Kohlenhydrate

Freiheit ist kein Synonym für Glück, sondern eher für schwierige Entscheidungen. *Emma Bonino*

Notizen und Erfahrungen: **Mein Biorhythmus** **K** **S** **G**

	K	S	G

Juni 2025

24. Woche

Tag		Hinweise	Sternzeichen
9	Mo Pfingst-montag		Skorpion
10	Di		Schütze Oberschenkel, Venen Frucht Eiweiß
11 VM 8.42	Mi		Schütze
12	Do		Schütze
13	Fr	Jede Minute, die du lachst, verlängert dein Leben um eine Stunde. *Aus China*	Steinbock Knie Wurzel Salz
14	Sa		Steinbock
15	So		Wassermann Unterschenkel, Venen Blüte Fett

Notizen und Erfahrungen: **Mein Biorhythmus K S G**

Juni 2025 — 25. Woche

16 Mo
Wassermann

17 Di
Fische
Heute kein Aderlass!
Füße
Blatt
Kohlenhydrate

18 Mi
Fische

19 Do Fronleichnam
Fische

20 Fr
Widder
Legen Sie einmal hundert Meter in einer halben Stunde zurück. Sie werden erstaunliche Entdeckungen machen.
Anonym
Kopfbereich
Frucht
Eiweiß

21 Sa
Widder

22 So
Stier
Kiefer, Halsbereich
Wurzel
Salz

Notizen und Erfahrungen: **Mein Biorhythmus** K S G

23	Mo		Stier
24	Di		Zwillinge Schultern, Arme Blüte Fett
25	Mi NM 11.31	Tag 1 für die Aderlassberechnung.	Zwillinge
26	Do		Krebs Brustbereich, Lunge Blatt Kohlenhydrate
27	Fr		Krebs
28	Sa		Löwe Herz, Kreislauf Frucht Eiweiß
29	So		Löwe

Notizen und Erfahrungen: **Mein Biorhythmus** K S G

Juni/Juli 2025

27. Woche

30 Mo

Jungfrau

Heute kein Aderlass!

Verdauungsorgane
Wurzel
Salz

1 Di

Jungfrau

2 Mi

Waage

Hüftbereich
Blüte
Fett

3 Do

Waage

Mut brüllt nicht immer nur. Mut kann auch die leise Stimme am Ende des Tages sein, die sagt: »Morgen versuche ich es noch mal.« *Mary Anne Radmacher*

4 Fr

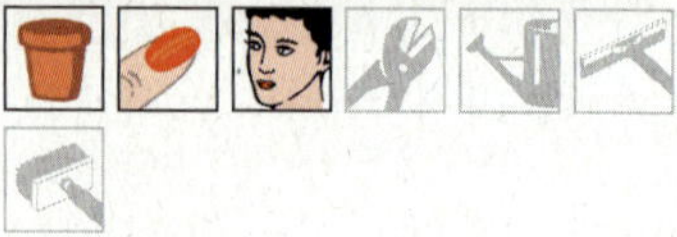

Waage

5 Sa

Skorpion

Geschlechtsorgane
Blatt
Kohlenhydrate

6 So

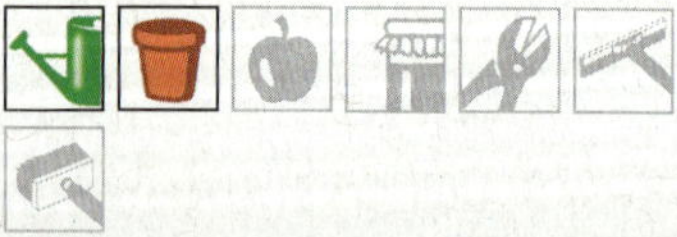

Skorpion

Notizen und Erfahrungen: **Mein Biorhythmus** K S G

Tag		Mond	Sternzeichen	
7	Mo		Schütze	Oberschenkel, Venen Frucht Eiweiß
8	Di		Schütze	
9	Mi		Schütze	
10	Do	VM 21.36	Steinbock	Knie Wurzel Salz
11	Fr		Steinbock	
12	Sa		Wassermann	Unterschenkel, Venen Blüte Fett
13	So		Wassermann	

Wir werden vom Schicksal hart oder weich geklopft; es kommt auf das Material an. *Marie von Ebner-Eschenbach*

Notizen und Erfahrungen: **Mein Biorhythmus** **K** **S** **G**

Juli 2025 **29. Woche**

14	Mo		Wassermann
15	Di		Fische Füße Blatt Kohlenhydrate
16	Mi		Fische
17	Do		Widder Kopfbereich Frucht Eiweiß
18	Fr	Beginn des rückläufigen Merkur!	Widder
19	Sa	Heute kein Aderlass!	Stier Kiefer, Halsbereich Wurzel Salz
20	So		Stier

Notizen und Erfahrungen:

Mein Biorhythmus K S G

21 Mo

Zwillinge

Schultern, Arme
Blüte
Fett

22 Di

Zwillinge

Heute kein Aderlass!

23 Mi

Krebs

Brustbereich, Lunge
Blatt
Kohlenhydrate

24 Do

NM 20.10

Krebs

25 Fr

Löwe

Tag 1 für die Aderlassberechnung.

Herz, Kreislauf
Frucht
Eiweiß

26 Sa

Löwe

27 So

Jungfrau

Verdauungsorgane
Wurzel
Salz

Notizen und Erfahrungen:

Mein Biorhythmus K S G

Juli/August 2025 — 31. Woche

28 Mo — Jungfrau

Heute kein Aderlass!

29 Di — Jungfrau

30 Mi — Waage

Hüftbereich
Blüte
Fett

31 Do — Waage

1 Fr Schweizer National-feiertag — Skorpion

Heute kein Aderlass!

Geschlechtsorgane
Blatt
Kohlenhydrate

2 Sa — Skorpion

Ein Augenblick der Geduld kann vor großem Unheil bewahren,
ein Augenblick der Ungeduld ein ganzes Leben zerstören.
Aus China

3 So — Skorpion

Notizen und Erfahrungen: **Mein Biorhythmus** K S G

August 2025

32. Woche

4 Mo
Schütze
Oberschenkel, Venen
Frucht
Eiweiß

5 Di
Schütze

6 Mi
Steinbock
Knie
Wurzel
Salz

7 Do
Steinbock

8 Fr
Steinbock

9 Sa
VM
8.55
Wassermann
Unterschenkel, Venen
Blüte
Fett

10 So
Wassermann

Nichts ist so gerecht verteilt wie der gesunde Menschenverstand. Niemand glaubt mehr davon zu brauchen, als er hat. *René Descartes*

Notizen und Erfahrungen: **Mein Biorhythmus K S G**

August 2025

33. Woche

11 Mo

Fische

Ende des rückläufigen Merkur!

Füße
Blatt
Kohlenhydrate

12 Di

Fische

13 Mi

Widder

Kopfbereich
Frucht
Eiweiß

14 Do

Widder

15 Fr
Mariä Himmelfahrt

Stier

Kiefer, Halsbereich
Wurzel
Salz

16 Sa

Stier

17 So

Zwillinge

Heute kein Aderlass!

Schultern, Arme
Blüte
Fett

Notizen und Erfahrungen: **Mein Biorhythmus K S G**

August 2025

35. Woche

Tag		Sternzeichen	Hinweise
25	Mo	Jungfrau	
26	Di	Waage	Hüftbereich Blüte Fett
27	Mi	Waage	
28	Do	Waage	
29	Fr	Skorpion	Heute kein Aderlass! Geschlechtsorgane Blatt Kohlenhydrate
30	Sa	Skorpion	
31	So	Schütze	Oberschenkel, Venen Frucht Eiweiß

Notizen und Erfahrungen: **Mein Biorhythmus** **K S G**

1 Mo ☽

Schütze

Das Datum gilt als sehr günstiger Tag für einen Neubeginn jeglicher Art. Nutzen Sie ihn!

2 Di ☽

Schütze

3 Mi ☽

Steinbock

Knie
Wurzel
Salz

4 Do ☽

Steinbock

Wir sehen die Dinge nicht so, wie sie sind.
Wir sehen die Dinge so, wie wir sind. *Anaïs Nin*

5 Fr ☽

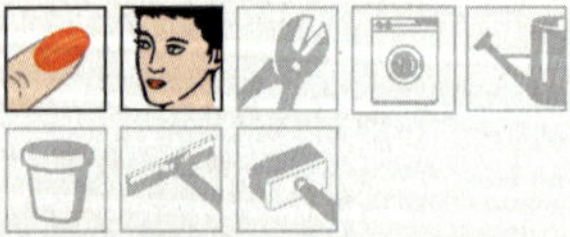

Wassermann

Unterschenkel, Venen
Blüte
Fett

6 Sa ☽

Wassermann

7 So

VM
19.08

Fische

Füße
Blatt
Kohlenhydrate

Notizen und Erfahrungen: **Mein Biorhythmus** K S G

September 2025 — 37. Woche

8 Mo

Fische

9 Di

Widder

Kopfbereich
Frucht
Eiweiß

10 Mi

Widder

11 Do

Stier

Kiefer, Halsbereich
Wurzel
Salz

12 Fr

Stier

Überlege einmal, bevor du gibst, überlege zweimal, bevor du annimmst, und tausendmal, bevor du verlangst. *Marie von Ebner-Eschenbach*

13 Sa

Zwillinge

Schultern, Arme
Blüte
Fett

14 So

Zwillinge

Notizen und Erfahrungen: **Mein Biorhythmus** **K** **S** **G**

September 2025 — 38. Woche

15 Mo ☾	Zwillinge	
16 Di ☾	Krebs	Brustbereich, Lunge Blatt Kohlenhydrate
17 Mi ☾	Krebs	
18 Do ☾	Löwe	Herz, Kreislauf Frucht Eiweiß
19 Fr ☾	Löwe	
20 Sa ☾	Jungfrau	Verdauungsorgane Wurzel Salz
21 So ● NM 20.53	Jungfrau	Heute bis 28. September kein Aderlass!

Notizen und Erfahrungen: Mein Biorhythmus K S G

	K	S	G

September 2025

39. Woche

22 Mo — Waage

Tag 1 für die Aderlassberechnung.

Hüftbereich
Blüte
Fett

23 Di — Waage

24 Mi — Waage

25 Do — Skorpion

Geschlechtsorgane
Blatt
Kohlenhydrate

26 Fr — Skorpion

27 Sa — Schütze

Oberschenkel, Venen
Frucht
Eiweiß

28 So — Schütze

Notizen und Erfahrungen:

Mein Biorhythmus	K	S	G

September/Oktober 2025

40. Woche

29	Mo		Schütze
30	Di		Steinbock Knie Wurzel Salz
1	Mi		Steinbock
2	Do		Wassermann Unterschenkel, Venen Blüte Fett
3	Fr Tag der Deutschen Einheit	Heute kein Aderlass!	Wassermann
4	Sa		Wassermann
5	So		Fische Füße Blatt Kohlenhydrate

Notizen und Erfahrungen: **Mein Biorhythmus** **K** **S** **G**

Notizen und Erfahrungen: Mein Biorhythmus K S G

Notizen und Erfahrungen	K	S	G

Oktober 2025

41. Woche

6 Mo

Fische

Heute kein Aderlass!

7 Di

VM 4.45

Widder

Kopfbereich
Frucht
Eiweiß

8 Mi

Widder

9 Do

Stier

Kiefer, Halsbereich
Wurzel
Salz

10 Fr

Stier

11 Sa

Zwillinge

Heute kein Aderlass!

Schultern, Arme
Blüte
Fett

12 So

Zwillinge

Notizen und Erfahrungen: **Mein Biorhythmus** K S G

	K	S	G

Oktober 2025

13 Mo

Krebs

Brustbereich, Lunge
Blatt
Kohlenhydrate

14 Di

Krebs

15 Mi

Löwe

Herz, Kreislauf
Frucht
Eiweiß

16 Do

Löwe

17 Fr

Jungfrau

Verdauungsorgane
Wurzel
Salz

18 Sa

Jungfrau

19 So

Jungfrau

Ein Urteil lässt sich widerlegen, aber niemals ein Vorurteil. *Marie von Ebner-Eschenbach*

Notizen und Erfahrungen: **Mein Biorhythmus** **K S G**

Oktober 2025

43. Woche

20 Mo			Waage Hüftbereich Blüte Fett
21 Di	NM 13.24		Waage
22 Mi		Tag 1 für die Aderlassberechnung.	Skorpion Geschlechtsorgane Blatt Kohlenhydrate
23 Do			Skorpion
24 Fr			Skorpion
25 Sa			Schütze Oberschenkel, Venen Frucht Eiweiß
26 So	Österreichischer Nationalfeiertag		Schütze

Notizen und Erfahrungen: **Mein Biorhythmus** K S G

	K	S	G

Oktober/November 2025

44. Woche

27 Mo

Steinbock

Knie
Wurzel
Salz

28 Di

Steinbock

29 Mi

Steinbock

Sei deines Willens Herr und deines Gewissens Knecht. *Marie von Ebner-Eschenbach*

30 Do

Wassermann

Unterschenkel, Venen
Blüte
Fett

31 Fr
Reformationstag

Wassermann

1 Sa
Allerheiligen

Fische

Füße
Blatt
Kohlenhydrate

2 So

Fische

Notizen und Erfahrungen:

Mein Biorhythmus K S G

November 2025

45. Woche

3 Mo — Widder
Kopfbereich
Frucht
Eiweiß

4 Di — Widder

5 Mi — Stier
VM 14.18
Kiefer, Halsbereich
Wurzel
Salz

6 Do — Stier

7 Fr — Zwillinge
Schultern, Arme
Blüte
Fett

8 Sa — Zwillinge

9 So — Krebs
Beginn des rückläufigen Merkur!
Brustbereich, Lunge
Blatt
Kohlenhydrate

Notizen und Erfahrungen: **Mein Biorhythmus** K S G

November 2025 — 46. Woche

10 Mo

Krebs

11 Di

Löwe

Herz, Kreislauf
Frucht
Eiweiß

12 Mi

Löwe

Heute kein Aderlass!

13 Do

Löwe

14 Fr

Jungfrau

Verdauungsorgane
Wurzel
Salz

15 Sa

Jungfrau

16 So

Waage

Hüftbereich
Blüte
Fett

Bevor der Verstand sich entschließt, einen Schritt zu tun, hat die Liebe den siebenten Himmel erreicht. *Rumi*

Notizen und Erfahrungen: **Mein Biorhythmus K S G**

November 2025

47. Woche

17 Mo ☾

Waage

18 Di ☾

Skorpion

Geschlechtsorgane
Blatt
Kohlenhydrate

19 Mi Buß- und Bettag ☾

Skorpion

20 Do ● NM 7.46

Skorpion

Tag 1 für die Aderlassberechnung.

21 Fr ☽

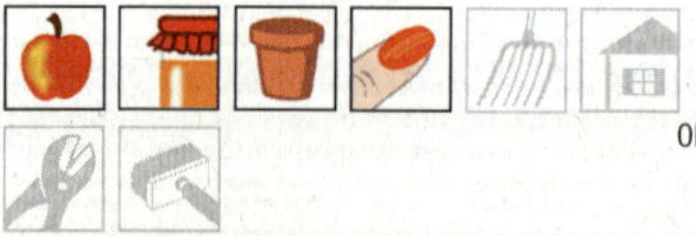

Schütze

Oberschenkel, Venen
Frucht
Eiweiß

22 Sa ☽

Schütze

23 So ☽

Steinbock

Knie
Wurzel
Salz

Notizen und Erfahrungen: **Mein Biorhythmus** K S G

November 2025

48. Woche

24 Mo

Steinbock

25 Di

Steinbock

26 Mi

Wassermann

Unterschenkel, Venen
Blüte
Fett

27 Do

Wassermann

28 Fr

Fische

Füße
Blatt
Kohlenhydrate

29 Sa

Fische

Ende des rückläufigen Merkur!

30 So
1. Advent

Fische

Notizen und Erfahrungen: **Mein Biorhythmus** K S G

8 Mo
Mariä Empfängnis
Krebs

9 Di
Löwe
Herz, Kreislauf
Frucht
Eiweiß

10 Mi
Löwe

11 Do
Jungfrau
Verdauungsorgane
Wurzel
Salz

12 Fr
Jungfrau

13 Sa
Waage
Hüftbereich
Blüte
Fett

Der Veränderung die Tür schließen hieße,
das Leben selber aussperren. *Walt Whitman*

14 So
3. Advent
Waage

Notizen und Erfahrungen: **Mein Biorhythmus** **K** **S** **G**

Dezember 2025 — 51. Woche

Tag		Mond	Sternzeichen	Hinweise
15	Mo		Waage	
16	Di		Skorpion	Geschlechtsorgane Blatt Kohlenhydrate
17	Mi		Skorpion	
18	Do		Schütze	Oberschenkel, Venen Frucht Eiweiß
19	Fr		Schütze	
20	Sa	NM 2.42	Schütze	Tag 1 für die Aderlassberechnung.
21	So 4. Advent		Steinbock	Knie Wurzel Salz

Notizen und Erfahrungen: **Mein Biorhythmus** K S G

Dezember 2025

52. Woche

22 Mo		Steinbock
23 Di		Wassermann Unterschenkel, Venen Blüte Fett
24 Mi Heiliger Abend	**Wir wünschen frohe und friedliche Weihnachten!**	Wassermann
25 Do 1. Weihnachtsfeiertag		Wassermann
26 Fr 2. Weihnachtsfeiertag		Fische Füße Blatt Kohlenhydrate
27 Sa		Fische
28 So		Widder Kopfbereich Frucht Eiweiß

Notizen und Erfahrungen: Mein Biorhythmus K S G

Dezember 2025/Januar 2026 — 1. Woche

29	Mo		Widder
30	Di		Stier Kiefer, Halsbereich Wurzel Salz
31	Mi Silvester		Stier
1	Do Neujahr		Zwillinge Schultern, Arme Blüte Fett
2	Fr Berch- toldstag		Zwillinge
3	Sa	VM 11.03	Krebs Brustbereich, Lunge Blatt Kohlenhydrate
4	So		Krebs

Notizen und Erfahrungen: Mein Biorhythmus K S G

	K	S	G

Der Mond im Internet

Sie finden uns im Internet unter **www.paungger-poppe.com** und **www.mondversand.com**. Dort warten Infos zu allen möglichen Dingen, Leseproben, Vortragstermine. Sie können auch unsere Bücher, Kalender und Produkte direkt bestellen, den Alpha-/Omega-Fragebogen ausfüllen, die Gesundheitswochen-Infos direkt herunterladen und – **ganz NEU! – eine persönliche Beratung mit Johanna Paungger-Poppe buchen!**

Der Alpha-/Omega-Ernährungstyp

Von entscheidender Bedeutung für die Umstellung auf eine gesunde Ernährung ohne Diätstress ist die Kenntnis des eigenen Ernährungstyps. Gesundheit aus eigener Kraft ist erst dann ein mühelos erreichbares Ziel. Unsere Arbeit auf diesem Gebiet trägt inzwischen Früchte, und wir freuen uns täglich über die positiven Zuschriften. Besonders unser Buch zum Thema, die *Alpha-Omega-Formel*, hat dazu beigetragen, dass dieses wertvolle Wissen unserer Vorfahren wieder seinen angestammten Platz einnimmt.

Natürlich ist es manchmal schwierig, nach Jahrzehnten der Gewöhnung an bestimmte Nahrungsmittel den Ernährungstyp auf Anhieb zu erkennen. Hier unser Angebot: Auf unserer Website **www.mondversand.com** ermitteln wir für Sie den persönlichen Ernährungstyp anhand eines Fragebogens (Menüpunkt »Service«). Sie erhalten nach einigen Tagen Ihre Auswertung und eine genaue Beschreibung des ermittelten Ernährungstyps (zum Preis von 18 €).

Ihr persönlicher Biorhythmus

Wie wertvoll die Kenntnis des persönlichen Biorhythmus ist, haben wir hier und besonders ausführlich in unserem Buch *Aus eigener Kraft* dargestellt, ebenso wie Sie ihn selbst ausrechnen können. Die

Kästchen auf den rechten Seiten dieses Kalenders sind für seine Eintragung von Hand vorgesehen (K = körperlich, S = seelisch, G = geistig). Beispielsweise so:

K	S	G
12	26	16

Unser Angebot: Wir senden Ihnen auf Anfrage an **vrz@aon.at** eine genaue Anleitung zu, wie Sie Ihren persönlichen Biorhythmus selbst ausrechnen können. **Auf unserer Website www.mondversand.com können Sie ihn allerdings auch für Sie persönlich bestellen, für ein oder mehrere Jahre im Voraus.**

Rund um den richtigen Zeitpunkt

Oft werden wir gefragt, warum unsere Kalender keine Angaben zum richtigen Zeitpunkt von Geschäftsabschlüssen, Verhandlungen, Liebe nach dem Mond usw. enthalten. Unser Anliegen ist es, wertvolles Erfahrungswissen an interessierte Leserinnen und Leser weiterzugeben. Spekulatives und Wunschdenken haben da keinen Platz. Nur seriöse Information hat auf Dauer Bestand.

Die Frage, warum sich manch andere Mondkalender von unseren unterscheiden, beantworten wir ausführlich per E-Mail (an **vrz@aon.at**) oder Brief, wenn Sie möchten. Hier nur so viel: Unsere Kalender sind nicht »unsere« Kalender. Sie werden seit Jahrtausenden so und nicht anders berechnet und verwendet. Andere Kalender sind nicht unbedingt als Kalender falsch, aber sie sind nicht Grundlage des Wissens gewesen, das wir Ihnen in unseren Büchern nahebringen. Wer sich in der Praxis des Mondwissens auskennt, findet schnell heraus, womit er arbeiten kann und womit eher nicht.

Manche Kalenderverfälschung geschieht allerdings auch absichtlich. Im Laufe der Geschichte ist das Mondwissen immer wieder in Vergessenheit geraten, weil ein Naturgesetz an der Arbeit ist, nämlich dass sich Kirchen und Staat stets vor mündigen Bürgern fürchten. Ein unabhängiger, selbstverantwortlicher Geist ist für jedes Macht- und Ausbeutungsinteresse kein lohnendes Opfer. Wer erkannt hat, dass echtes Glück niemals von Äußerlichkeiten abhängt, entgleitet seinen Fängen. Und Wissen ist für manche die größte Bedrohung. Glücklicherweise leben wir heute in Zeiten mit relativ großer Freiheit, sich korrekt zu informieren, der eigenen Erfahrung zu vertrauen und nach ihr zu handeln. Nutzen wir diese Freiheit!

Mit unserem Mondversand immer auf der Höhe!

Wenn Sie sich generell für unsere Arbeit, für Kalender, Bücher und gute Sachen rund um den richtigen Zeitpunkt interessieren und stets auf dem Laufenden bleiben wollen, schauen Sie auf unserer Website **www.mondversand.com** vorbei und melden Sie sich zu unserem Newsletter an.

Hier können Sie auch alle Serviceleistungen, Alpha-/Omega-Auswertung usw. abrufen und **ab jetzt eine persönliche Beratung mit Johanna buchen.**

Warum gibt es den Mondversand eigentlich, werden wir oft gefragt. »Warum tun Sie sich das auch noch an?«, wollten manche unserer Leserinnen und Leser wissen. Nun, erstens wollen wir zeigen, dass unsere Vorfahren keine Narren waren in ihrer Achtsamkeit auf den Lauf des Mondes und auf die Gesetze, die den »richtigen Zeitpunkt« bestimmen. Die nahe Zukunft zwingt uns, wieder auf natürliche, umweltschonende und damit menschenwürdige Methoden der Herstellung von Gebrauchsgegenständen zurückzugreifen. Wir tun es schon jetzt.

Zweitens bemühen wir uns alle gemeinsam, Fairness walten zu lassen – faire Herstellung ohne Ausbeutung von Mensch und Natur, faires Miteinander im Handel. Wir fördern ehrliche Arbeit und altes

Handwerk. Immer mehr Menschen sollen verstehen: Durch Spekulation und Ausbeutung verdientes Geld ist menschenunwürdig und im wahrsten Sinne umweltschädlich. Nur echtes Miteinander löst alle Probleme. Das Gegeneinander in der Welt dient bestimmten Interessen. Es sind niemals Ihre Interessen, liebe Leserinnen und Leser! Deshalb ist es uns eine besondere Freude, Ihnen weiterhin unsere einmalige Kosmetik »vom richtigen Zeitpunkt« anzubieten, unsere Mond-Tees, die Kräuterkissen und vieles mehr. Schauen Sie bei uns vorbei:

Mondversand
Johanna Paungger & Thomas Poppe
Postfach 3
A-5230 Mattighofen

E-Mail: info@mondversand.at
www.paungger-poppe.com
www.mondversand.com

Liebe Leserinnen und Leser, bitte haben Sie Verständnis, wenn wir es nicht immer schaffen, alle privaten Anfragen zu beantworten. Bis heute können wir diese Arbeit nur persönlich erledigen.

Adressen und Notizen

A

A

Adressen und Notizen

B

Adressen und Notizen

CD

Adressen und Notizen ☎

E

Adressen und Notizen

F

F

Adressen und Notizen

Adressen und Notizen

H

Adressen und Notizen

Adressen und Notizen

KL

Adressen und Notizen

Adressen und Notizen

N

Adressen und Notizen

O

Adressen und Notizen

Adressen und Notizen ☎

R

R

Adresses und Notizen ☎

S

Adressen und Notizen

Adressen und Notizen

Adressen und Notizen

XYZ

XYZ

Schulferien im Jahr 2025

Angaben ohne Gewähr, da bei Redaktionsschluss noch nicht alle Termine endgültig festgelegt waren.

Deutschland

Land	Frühjahr/ Skiferien	Ostern	Himmelfahrt/Pfingsten	Sommer	Herbst	Weihnachten
Baden-Württemb.	-	14.04.-26.04.	10.06.-20.06.	31.07.-13.09.	27.10.-30.10./31.10.	22.12.-05.01.
Bayern	03.03.-07.03.	14.04.-25.04.	10.06.-20.06.	01.08.-15.09.	03.11.-07.11./19.11.	22.12.-05.01.
Berlin	03.02.-08.02.	14.4.-25.04./02.05/ 30.05.	10.06.	24.07.-06.09.	20.10.-01.11.	22.12.-02.01.
Brandenburg	03.02.-08.02.	14.4.-25.04./02.05/ 30.05.	10.06.	24.07.-06.09.	20.10.-01.11.	22.12.-02.01.
Bremen	03.02.-04.02.	07.04.-19.04.	30.04./02.05./30.05./10.06.	03.07.-13.08.	13.10.-25.10.	22.12.-05.01.
Hamburg	31.01.	10.03.-21.03.	02.05./26.05.-30.05.	24.07.-03.09.	20.10.-31.10.	17.12.-02.01.
Hessen	-	07.04.-21.04.	-	07.07.-15.08.	06.10.-18.10.	22.12.-10.01.
Mecklenburg-Vorp.	03.02.-14.02.	14.04.-23.04./30.05.	06.06.-10.06.	28.07.-06.09.	02.10./20.10.-25.10./03.11.	22.12.-05.01.
Niedersachsen	03.02.-04.02.	07.04.-19.04./30.04.	02.05./30.05./10.06.	03.07.-13.08.	13.10.-25.10.	22.12.-05.01.
Nordrhein-Westf.	-	14.04.-26.04.	10.06.	14.07.-26.08.	13.10.-25.10.	22.12.-06.01.
Rheinland-Pfalz	-	14.04.-25.04.	-	07.07.-15.08.	13.10.-24.10.	22.12.-07.01.
Saarland	24.02.-04.03.	14.04.-25.04.	-	07.07.-14.08.	13.10.-24.10.	22.12.-02.01.
Sachsen	17.02.-01.03.	18.04.-25.04./30.05.	-	28.06.-08.08.	06.10.-18.10.	22.12.-02.01.
Sachsen-Anhalt	27.01.-31.01.	07.04.-19.04.	30.05.	28.06.-08.08.	13.10.-25.10.	22.12.-05.01.
Schleswig-Holstein	03.02.	11.04.-25.04./02.05.	30.05.	28.07.-06.09.	20.10.-30.10./28.11.	19.12.-06.01.
Thüringen	03.02.-08.02.	07.04.-19.04.	30.05.	28.06.-08.08.	06.10.-18.10.	22.12.-03.01.

Österreich

Land	Weihnachten 2024/2025	Winter/ Semester	Ostern	Pfingsten	Sommer	Herbst
Burgenland	24.12.-06.01.	10.02.-16.02.	12.04.-21.04.	07.06.-09.06.	28.06.-31.08.	27.10.-31.10./11.11.
Kärnten	24.12.-06.01.	10.02.-16.02.	19.03./12.04.-21.04.	07.06.-09.06.	05.07.-07.09.	27.10.-31.10.
Niederösterreich	24.12.-06.01.	03.02.-09.02.	12.04.-21.04.	07.06.-09.06.	28.06.-31.08.	27.10.-31.10./15.11.
Oberösterreich	24.12.-06.01.	17.02.-23.02.	12.04.-21.04./04.05.	07.06.-09.06.	05.07.-07.09.	27.10.-31.10.
Salzburg	24.12.-06.01.	10.02.-16.02.	12.04.-21.04.	07.06.-09.06.	05.07.-07.09.	24.09./27.10.-31.10.
Steiermark	24.12.-06.01.	17.02.-23.02.	19.03./12.04.-21.04.	07.06.-09.06.	05.07.-07.09.	27.10.-31.10.
Tirol	24.12.-06.01.	10.02.-16.02.	19.03./12.04.-21.04.	07.06.-09.06.	05.07.-07.09.	27.10.-31.10.
Vorarlberg	24.12.-06.01.	10.02.-16.02.	19.03./12.04.-21.04.	07.06.-09.06.	05.07.-07.09.	27.10.-31.10.
Wien	24.12.-06.01.	03.02.-09.02.	12.04.-21.04.	07.06.-09.06.	28.06.-31.08.	27.10.-31.10./15.11.

Schweiz

Die Ferientermine sind uneinheitlich. Zwar können sie im Allgemeinen nach Kantonen gestaffelt werden, doch variieren die Termine je nach Gemeinde und Schule.

Weihnachtsferien 2024/2025	Sportferien	Frühlingsferien	Sommerferien	Herbstferien	Weihnachtsferien 2025/2026
21.12.24-06.01.25	25.01.-17.03.	03.04.-16.05.	20.06.-24.08.	20.09.-26.10.	20.12.25-07.01.26